F1 报告书

题目:

GOAL:

POINT 1:

POINT 2:

POINT 3:

NEXT STEPS:

U0651200

STEP1	STEP2	STEP3	STEP4

POINT

一边回答"F1报告书"的三个问题,
一边制作报告书。

题目:

GOAL:

POINT 1:

POINT 2:

POINT 3:

NEXT STEPS:

STEP1	STEP2	STEP3	STEP4

POINT
一边回答"F1报告书"的三个问题,
一边制作报告书。

题目:

GOAL:

POINT 1:

POINT 2:

POINT 3:

NEXT STEPS:

STEP1	STEP2	STEP3	STEP4

POINT

一边回答"F1报告书"的三个问题,
一边制作报告书。

F1 接待术

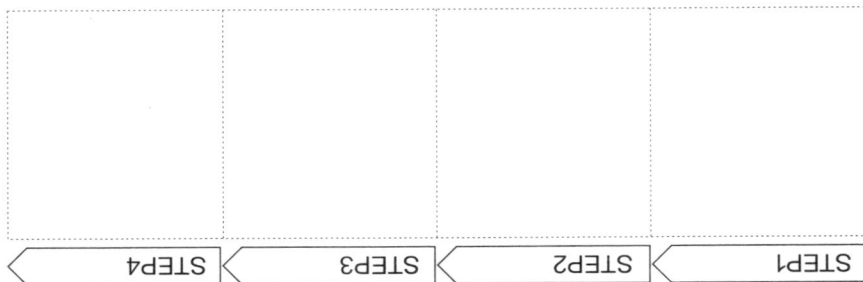

POINT
一次回答 "F1接待术" 的三个问题,
一次制作接待卡。

STEP1 〉 STEP2 〉 STEP3 〉 STEP4

NEXT STEPS:

POINT 1:

POINT 2:

POINT 3:

GOAL:

题目:

GPS 学习表

GOAL		

POINTS

1

2.

3.

STEPS

1.	6.
2.	7.
3.	8.
4.	9.
5.	10.

G
P
S

决定好跟结果直接相关的场景，
抓住一个模式和三个要点。

GPS 学习单

GOAL

POINTS

1

2.

3.

STEPS

1. 2. 3. 4. 5.

6. 7. 8. 9. 10.

(三角形 / triangle: G P S)

POINT

为考好题者画直接相关的场景，
挑选一个能让文的三个重点。

GPS 学习单

POINT

决定题目或直接相关的场景，
挑件一个模式的二三个重点。

GOAL

POINTS

1

2.

3.

STEPS

1.	6.
2.	7.
3.	8.
4.	9.
5.	10.

G
P
S

GOAL

POINTS

STEPS

1

2.

3.

G
P
S

1.	6.
2.	7.
3.	8.
4.	9.
5.	10.

决定好跟结果直接相关的场景，
抓住一个模式和三个要点。

GOAL		GOAL
POINTS	STEPS	POINTS
		STEPS
DATE		

左侧是思维和信息发散的"GPS 倾倒"区域 → 右上是聚焦于三个要点、一个目标上的"目标"区域 → 右下是把具体的步骤清单化的"行动"区域

●看左侧的"GPS倾倒"区域。将思考和信息按照G→P→S的顺序进行"倾倒"。

●接下来，我们需要把脑海中倒出来的要素归纳为三个要点和一个目标。

●最后，把具体实践的顺序（步骤）写在清单上。

POINT

通过使用"GPS地图"，
让笔记变成了宝藏。

GOAL		GOAL
POINTS	**STEPS**	**POINTS**
		STEPS
DATE		

左侧是思维和信息发散的"GPS 倾倒"区域 ➡ 右上是聚焦于三个要点、一个目标上的"目标"区域 ➡ 右下是把具体的步骤清单化的"行动"区域

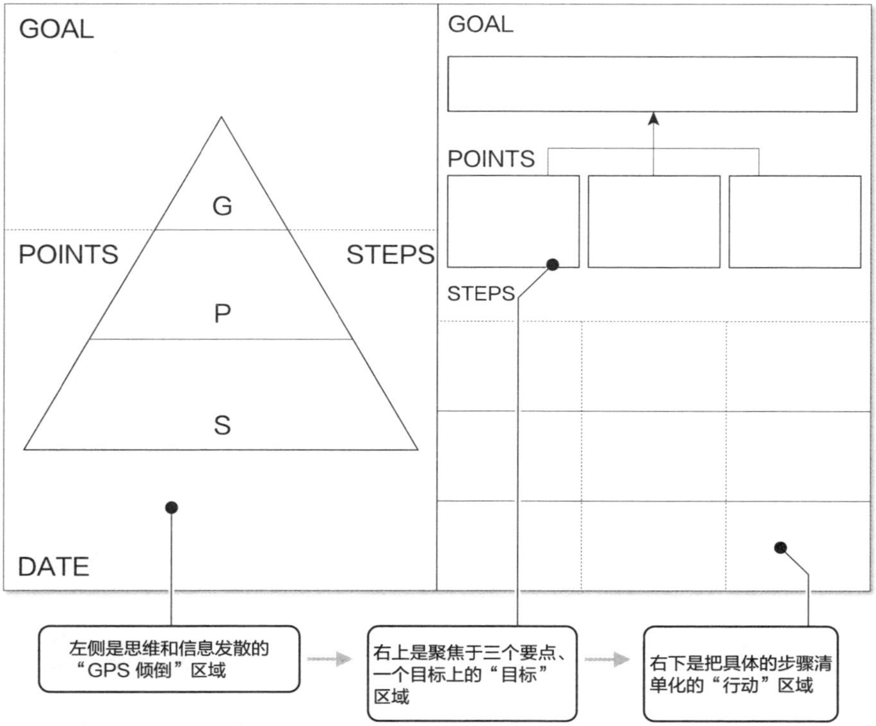

● 看左侧的"GPS倾倒"区域。将思考和信息按照G→P→S的顺序进行"倾倒"。

● 接下来，我们需要把脑海中倒出来的要素归纳为三个要点和一个目标。

● 最后，把具体实践的顺序（步骤）写在清单上。

POINT

通过使用"GPS地图"，
让笔记变成了宝藏。

```
┌─────────────────────────┬─────────────────────────┐
│ GOAL                    │ GOAL                    │
│                         │  ┌───────────────────┐  │
│           G             │  └───────────────────┘  │
│                         │ POINTS    ↑             │
│ POINTS       STEPS      │  ┌────┐ ┌────┐ ┌────┐   │
│           P             │  │    │ │    │ │    │   │
│                         │  └────┘ └────┘ └────┘   │
│           S             │ STEPS  ●               │
│                         │                         │
│ DATE       ●            │                    ●    │
└─────────────────────────┴─────────────────────────┘
```

左侧是思维和信息发散的"GPS 倾倒"区域 → 右上是聚焦于三个要点、一个目标上的"目标"区域 → 右下是把具体的步骤清单化的"行动"区域

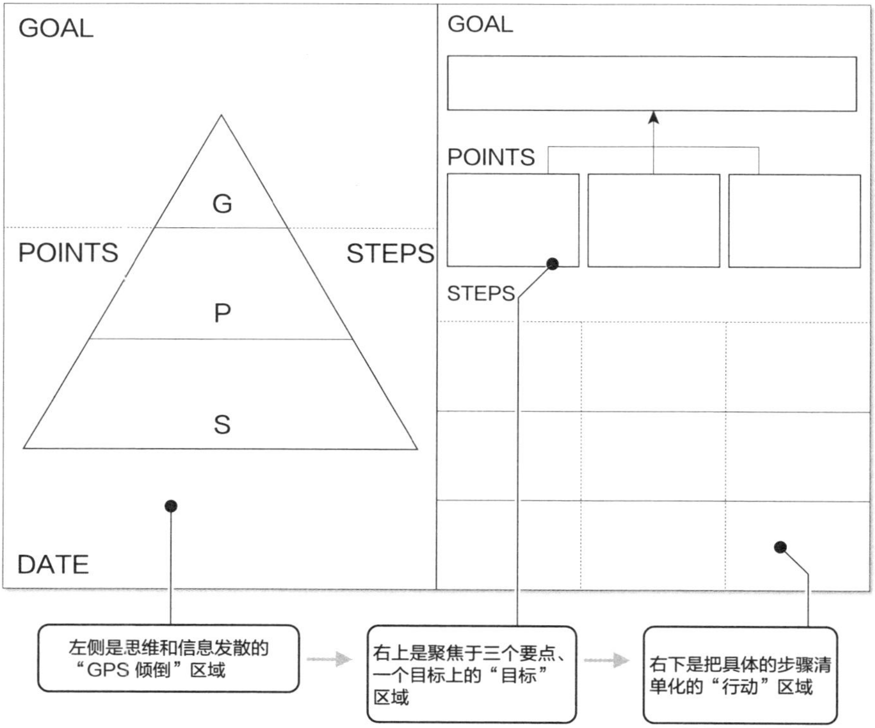

●看左侧的"GPS倾倒"区域。将思考和信息按照G→P→S的顺序进行"倾倒"。

●接下来，我们需要把脑海中倒出来的要素归纳为三个要点和一个目标。

●最后，把具体实践的顺序（步骤）写在清单上。

POINT

通过使用"GPS地图"，
让笔记变成了宝藏。

左侧是思维和信息发散的"GPS 倾倒"区域 → 右上是聚焦于三个要点、一个目标上的"目标"区域 → 右下是把具体的步骤清单化的"行动"区域

● 看左侧的"GPS倾倒"区域。将思考和信息按照G→P→S的顺序进行"倾倒"。

● 接下来，我们需要把脑海中倒出来的要素归纳为三个要点和一个目标。

● 最后，把具体实践的顺序（步骤）写在清单上。

POINT

通过使用"GPS地图"，
让笔记变成了宝藏。

> **POINT**
>
> 把"像×××一样"在脑中影像化。

DATE:

像×××一样	主题	要注意	3秒钟检查

NEXT STEPS

POINT

把"像×××一样"在脑中影像化。

DATE:

像×××一样	主题	意义	3秒钟校验卡

NEXT STEPS

填穴式类比法

		DATE:	
像×××一样	主题	备注	3秒钟检查
NEXT STEPS			

填穴式类比法

像×××一样	主题	备注	3秒钟检查
		DATE:	

NEXT STEPS

POINT

把"×××一样"在脑中影像化。

题目：	DATE:

Before

After

Change

1.	2.	3.

POINT

从头 "3秒钟冲击"， 到尾 "3分钟内采取行动"。

题目：　　　　　　　　　　　　　DATE：

Before

After

Change

1.

2.

3.

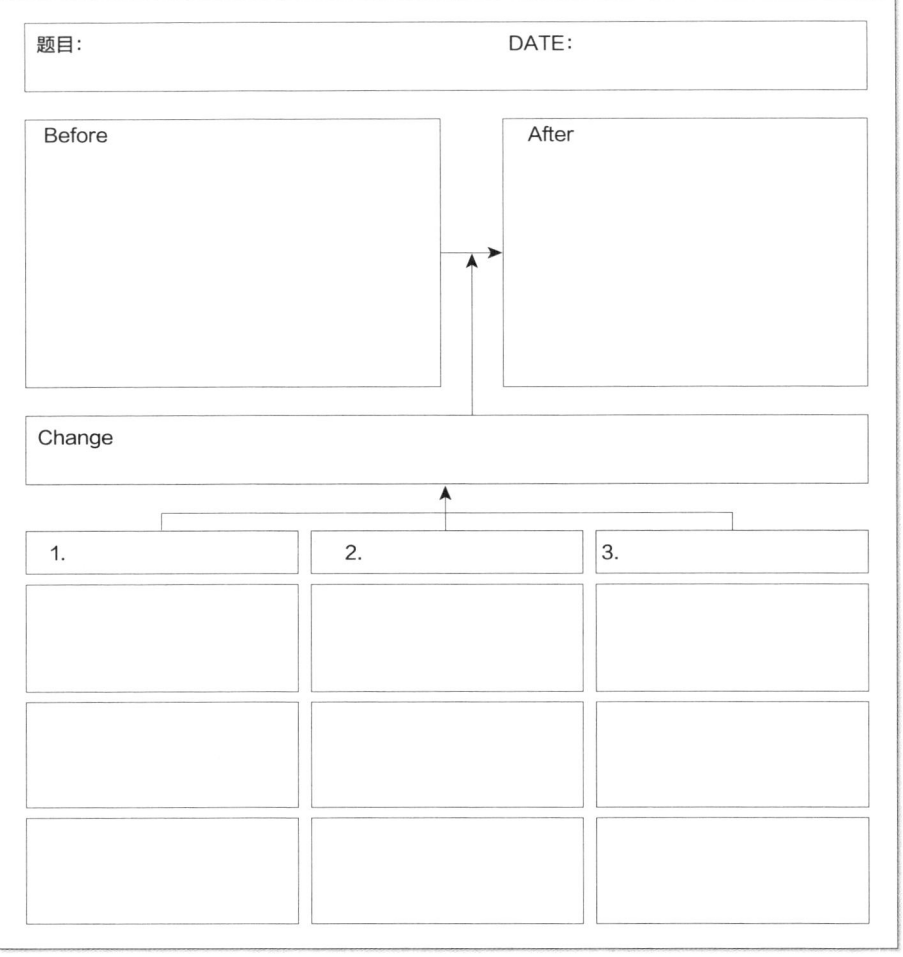

POINT

给予"3秒钟冲击",
讲述"30秒钟故事",驱使"3分钟内采取行动"。

題目：　　　　　　　　　　　　DATE：

Before

After

Change

1.　　　　　　2.　　　　　　3.

POINT

给予"3秒钟冲击"，
而非"30秒钟故事"，就像"3分钟内来取行动"。

故事性汇报演讲

| 标题 | GOAL |

第三面墙:

第二面墙:

第一面墙:

现状

变化

问题

POINT

使用"故事型汇报演讲"模板，
将你想传达的内容传递到对方的心中。

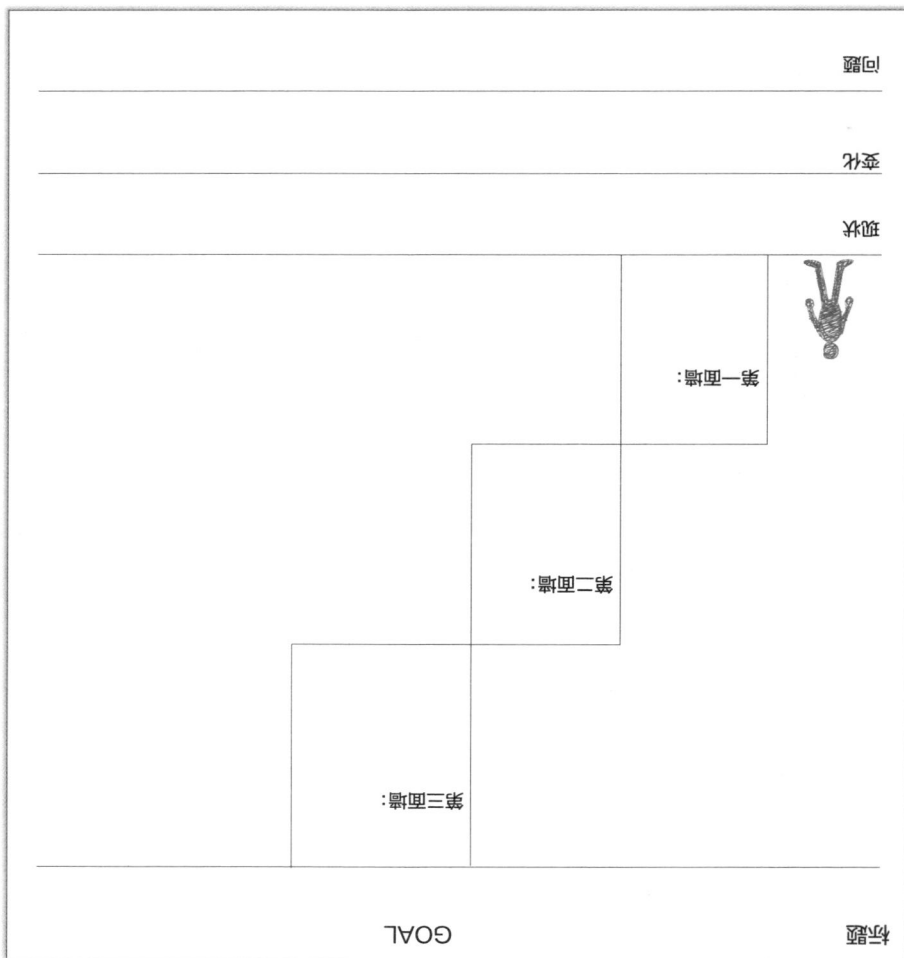

故事性汇报演讲

标题

GOAL

第三里程碑：

第二里程碑：

第一里程碑：

现状

变化

问题

> **POINT**
> 使用"故事性汇报演讲"模板，将你精彩生动的内容传递到受众的内心之中。

回报

变化

初状态

第一里程碑：

第二里程碑：

第三里程碑：

目标

GOAL

故事性汇报演讲

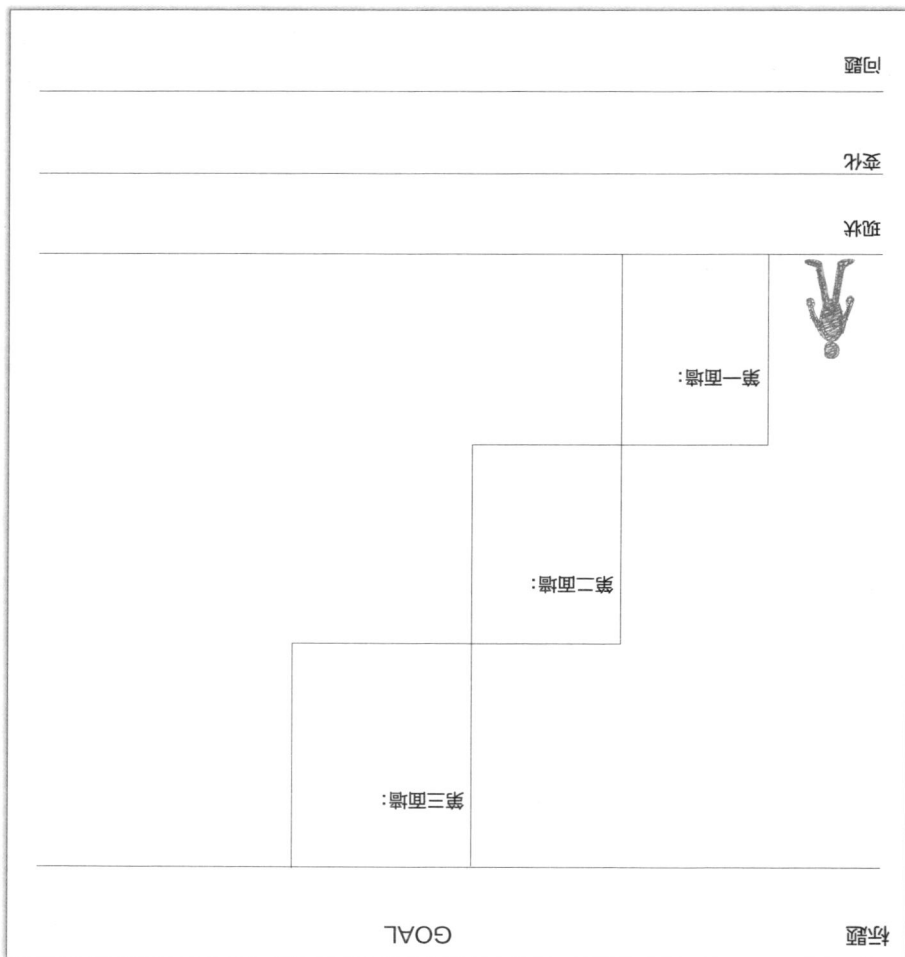

标题

GOAL

第一里程碑：

第二里程碑：

第三里程碑：

现状

变化

回报

问题

结论	NEXT STEPS

结论	备注

备注	结论

结论	备注

按照顺序，依次对三个论点进行讨论，并导出各自的结论。

POINT

让参会的所有人在会后都能有的放矢地开展行动。

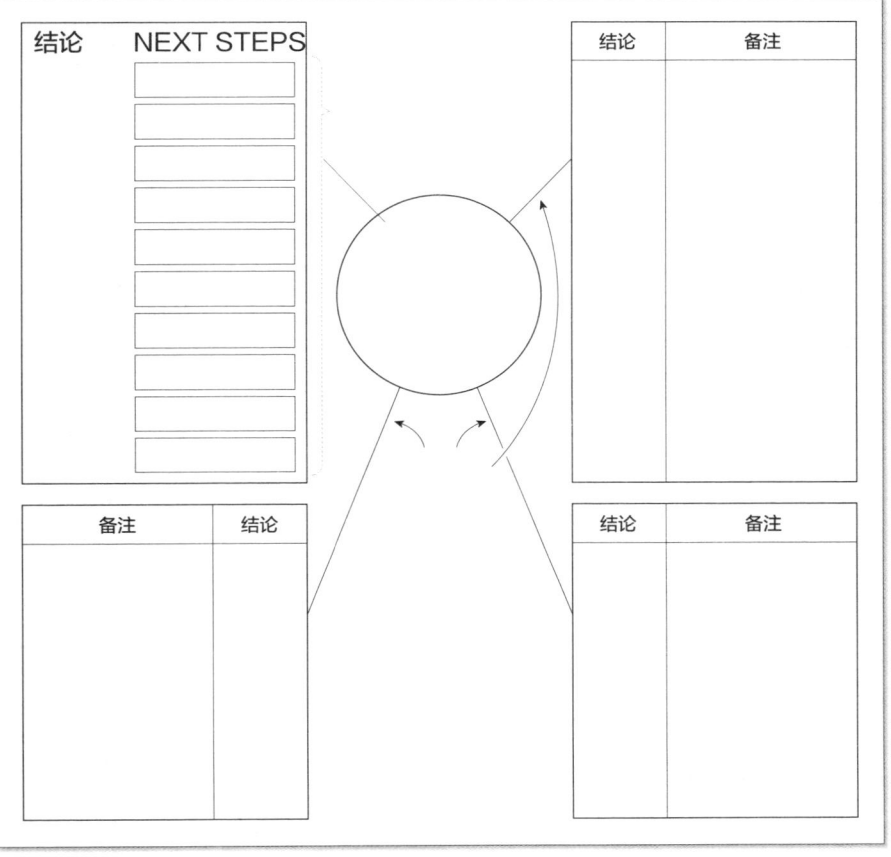

按照顺序，依次对三个论点进行讨论，并导出各自的结论。

POINT

让参会的所有人在会后都能有的放矢地开展行动。

结论　NEXT STEPS

结论

看法

结论　看法

结论　看法

按照顺序，依次对这三个焦点进行讨论，并各自写出各自的结论。

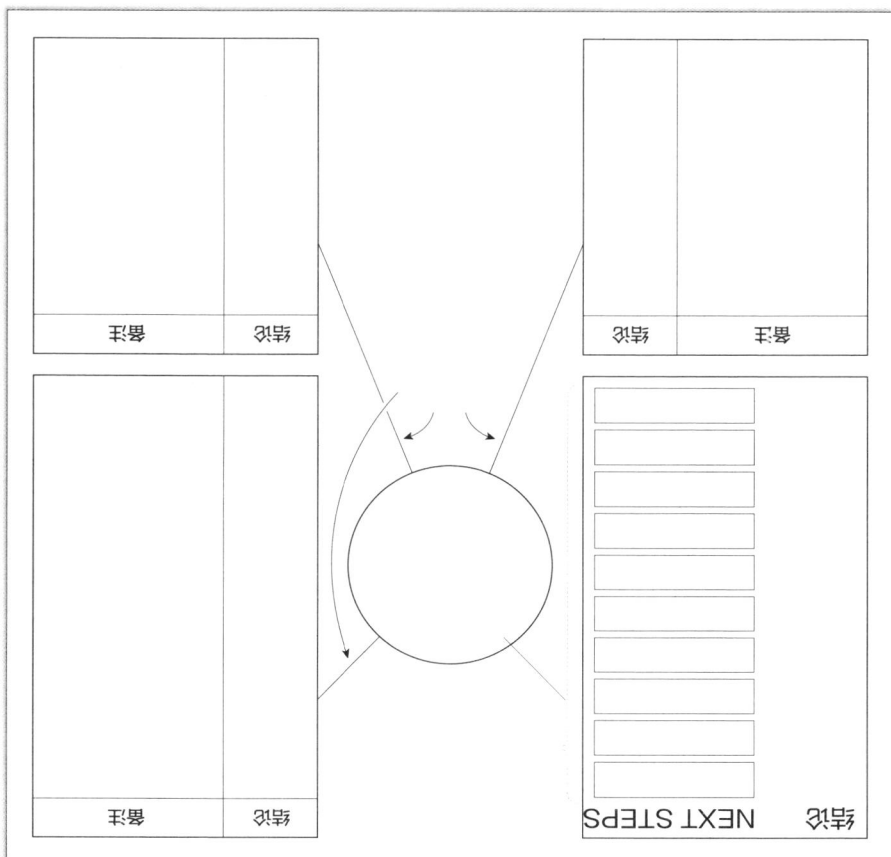

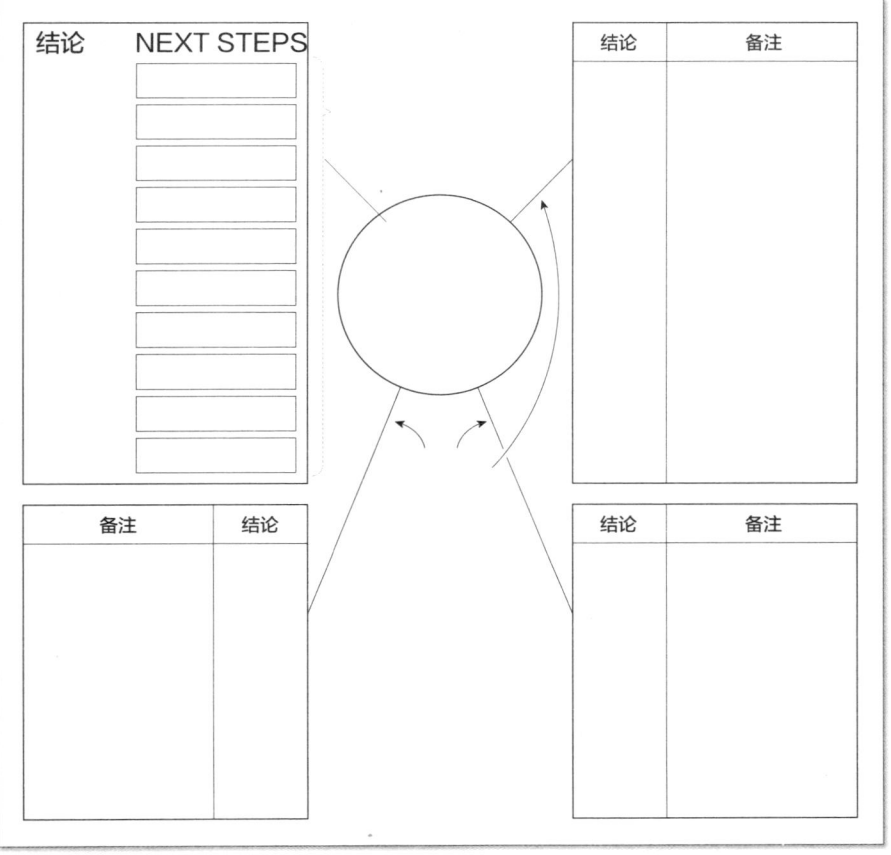

按照顺序，依次对三个论点进行讨论，并导出各自的结论。

POINT

让参会的所有人在会后都能有的放矢地开展行动。

解决箱子

看到的"行为"	询问"理由"	"解决"的策略	目标	步骤
			"解决"的 三个关键点	

①首先到问题发生的现场，把在那里看到的行为和场景用语言描述出来，依次写在左侧的第一列箱子中。

②询问当事人采取该行为的理由，然后在第二列箱子里整理出来。

③按照这个行为和理由，在第三列箱子中写出解决策略。

④在第四列箱子中写下目标，以及实现这个目标的三个关键点。

⑤在最后一列箱子里写下达成目标所需采取的具体步骤。

POINT
看起来复杂的问题，
通过分解也能够轻易解决。

解决箱子

看到的"行为"	询问"理由"	"解决"的策略	目标	步骤
			"解决"的三个关键点	

①首先到问题发生的现场，把在那里看到的行为和场景用语言描述出来，依次写在左侧的第一列箱子中。

②询问当事人采取该行为的理由，然后在第二列箱子里整理出来。

③按照这个行为和理由，在第三列箱子中写出解决策略。

④在第四列箱子中写下目标，以及实现这个目标的三个关键点。

⑤在最后一列箱子里写下达成目标所需采取的具体步骤。

POINT

看起来复杂的问题，
通过分解也能够轻易解决。

解决箱子

看到的"行为"	询问"理由"	"解决"的策略	目标	步骤
			"解决"的 三个关键点	

①首先到问题发生的现场，把在那里看到的行为和场景用语言描述出来，依次写在左侧的第一列箱子中。

②询问当事人采取该行为的理由，然后在第二列箱子里整理出来。

③按照这个行为和理由，在第三列箱子中写出解决策略。

④在第四列箱子中写下目标，以及实现这个目标的三个关键点。

⑤在最后一列箱子里写下达成目标所需采取的具体步骤。

POINT

看起来复杂的问题，

通过分解也能够轻易解决。

解决棘手子

看到的"行为" | 问题"行为" | "理由" | "棘手"的关键点 | 目标 | 步骤

① 将手头问题产生的原始原因，按自己想要看清的行为和外在现象用语言描述出来，依次写在右侧的第一列格子中。

② 向问题举事入关联，逐列为你的问题理由，在第二列中，然后把子目依据延续下来。

③ 把能说以个行为列入相关的理由，在第三列中把子项与这个子项逐一延伸出来。那就是关键点。

④ 在第四列格子中列出目标，以及达到这个目标所用的三个关键点。

⑤ 在最后一列格子中写下名称且标示需要采取的具体行动。

"棘手"的
三个关键点

POINT
看起来着手无策的问题，
通过分解也能够找到前进的办法。